BEI GRIN MACHT SICH IHR WISSEN BEZAHLT

- Wir veröffentlichen Ihre Hausarbeit, Bachelor- und Masterarbeit

- Ihr eigenes eBook und Buch - weltweit in allen wichtigen Shops

- Verdienen Sie an jedem Verkauf

Jetzt bei www.GRIN.com hochladen und kostenlos publizieren

Riccarda J. Schneider

Sigmund Freud und der Humor

GRIN Verlag

Bibliografische Information der Deutschen Nationalbibliothek:

Die Deutsche Bibliothek verzeichnet diese Publikation in der Deutschen National-
bibliografie; detaillierte bibliografische Daten sind im Internet über http://dnb.d-
nb.de/ abrufbar.

Impressum:

Copyright © 2006 GRIN Verlag, Open Publishing GmbH
Druck und Bindung: Books on Demand GmbH, Norderstedt Germany
ISBN: 978-3-656-53207-1

Dieses Buch bei GRIN:

http://www.grin.com/de/e-book/187304/sigmund-freud-und-der-humor

GRIN - Your knowledge has value

Der GRIN Verlag publiziert seit 1998 wissenschaftliche Arbeiten von Studenten, Hochschullehrern und anderen Akademikern als eBook und gedrucktes Buch. Die Verlagswebsite www.grin.com ist die ideale Plattform zur Veröffentlichung von Hausarbeiten, Abschlussarbeiten, wissenschaftlichen Aufsätzen, Dissertationen und Fachbüchern.

Sigmund Freud und der Humor

von

Riccarda J. Schneider

Sigmund Freud beschreibt in seinem Aufsatz *Der Humor* (1927) die Entstehung des humoristischen Vorgangs und seinen daraus resultierenden Einfluss auf die menschliche Psyche.

Dabei unterscheidet er zwischen zwei humoristischen Vorgängen: Bei dem einen Vorgang geht die humoristische Einstellung von einer Person aus und eine andere Person wird zum „Zuschauer[...] und Nutznießer[...]" (Freud 1948: 383) gemacht, wohingegen sich der zweite Vorgang zwischen zwei Personen ereignet, bei der die zweite Person zum Gegenstand der humoristischen Einstellung der ersten Person gemacht wird.

Aus beiden Prozessen erfolgt ein „Lustgewinn" für den, der die humoristische Einstellung einnimmt. Dagegen werden die ZuschauerInnen/ ZuhörerInnen als Reflexion des Humoristen betrachtet. Das heißt, dass die ZuhörerInnen bereit sind die „gleichen Gefühlsregungen bei sich entstehen zu lassen" (Freud 1948: 384) wie beim Humoristen und so „gewissermaßen eine Fernwirkung der humoristischen Leistung" (Freud 1948: 383) erreicht wird.

Diese erwarteten „Gefühlsregungen" treten aber nicht in Erscheinung, im Gegenteil der Humorist hält seine Affekte zurück und kompensiert sie, indem er einen Scherz macht. Dadurch entlädt sich aber auch der „ersparte[...] Gefühlsaufwand" (Freud 1948: 384) der ZuhörerInnen, der sich, wie beim Humoristen, in einem Lustgewinn zeigt.

Dennoch lassen die ersparten Affekte eine Divergenz zur Realität erkennen, die „sich hier gegen die Ungunst der realen Verhältnisse [...] behaupten" (Freud 1948: 385). Kurzum bewirkt die humoristische Einstellung bei der Person, die sie einnimmt, dass sich die Diskrepanz zwischen Ideal und Wirklichkeit leichter ertragen lässt.

Freud zufolge äußern sich darin, sowohl das trotzige Wesen des Humors wie auch das bewusste Ignorieren einer Einschätzung der realen Begebenheiten.

Allerdings signalisiert der Humorist damit auch eine gewisse Überlegenheit, indem er sich – laut Freud – in eine „Vateridentifizierung" begibt. Demzufolge ist das Verhältnis von Humorist zu ZuhörerInnen gleichzusetzen mit dem eines Erwachsenen zu einem Kind. Der Humorist, der hier stellvertretend für den wissenden Erwachsenen steht, stellt sich durch seine humoristische Einstellung über die ZuschauerInnen, die die Kinder symbolisieren. Anhand dessen wird der „psychischen Akzent vom [...] Ich abgezogen und auf das Über-Ich verlegt" (Freud 1948: 387).

Dadurch wiederum werden die „Reaktionsmöglichkeiten des Ichs [...] unterdrück[t]" (Freud 1948: 387), womit eine „Abweisung des Anspruchs der Realität" (Freud 1948: 385) stattfindet, die zu der angestrebten „Abwehr der Leidensmöglichkeit" (Freud 1948: 385) führt.

Obwohl Freud den Humor nicht in einem „herzhaften Lachen" (Freud 1948: 389) münden sieht, wäre dennoch ein „dezentes" Lachen/ Lächeln, welches den humoristischen Vorgang physisch sichtbar werden lässt, der Ausdruck einer Entladung der inneren Spannungen. Mit anderen Worten: „Lachen tröstet und sorgt dafür, dass das Individuum weniger leicht an den Misslichkeiten der Existenz zerbricht." (Jansen 2001: 23) Oder noch genauer gesagt, könnte somit die „Unverletzlichkeit des Ichs [siegreich behauptet]" (Freud 1948: 385) werden.

Theodor Reik, ein Schüler Freuds, stellte sogar die These auf, dass das Erdulden schmerzhafter Erkenntnisse sich leichter akzeptieren ließe, wenn sie in witziger Form dargeboten werden würde. (Frings 1996: 22f.) Des Weiteren sah er im Witz eine Angstbewältigung. Das heißt, „eine alte unbewusste Angst wird in kleiner Dosis als Schrecken wieder aktualisiert, um dann bewältigt und in Lust verwandelt zu werden. Das Lachen wäre ein Zeichen für die bewältigte Angst." (Frings 1996: 22)

All dies zeigt, dass der Humor eine „Methode des Seelenlebens" ist, die – polemisch ausgedrückt – als eine Art „Lebensretter" fungiert.

Wilhelm Raabe hat einmal gesagt, dass Humor der „Schwimmgürtel im Strom des Lebens" (Jansen 2001: 15) sei. Helmuth Plessner hat (insbesondere) das Lachen als „Grundfigur des menschlichen Daseins" (Jurizik 1985: 41) betrachtet.

Folglich wird ersichtlich, dass der humoristische Vorgang ein elementarer Bestandteil der menschlichen Existenz ist.

Dennoch räumt Freud ein, dass nicht jeder Mensch dazu fähig ist, die humoristische Einstellung einzunehmen oder auch gar nur zu genießen. Denn beim humoristischen Vorgang ist die entscheidende Komponente die „Absicht, welche der Humor ausführt" (Freud 1948: 389) und nicht der „Scherz" als solches.

Also Glück für all diejenigen, die Humor haben!

Literatur:

Freud, Sigmund: Gesammelte Werke. Chronologisch geordnet. Vierzehnter Band. Werke aus den Jahren 1925-1931, Frankfurt am Main 1948.

Frings, Willi: Humor in der Psychoanalyse. Eine Einführung in die Möglichkeiten humorvoller Intervention, Stuttgart, Berlin und Köln 1996.

Jansen, Wolfgang (Hrsg.): Über das Lachen. Aufsätze. Die Referate des Symposions „Spaß muss sein!? Eine Tagung über das Lachen" vom 11.-13. Juni 1999 in Bergisch Gladbach, Berlin 2001.

Jurzik, Renate: „Die Philosophie des Lachens". In: Jurzik, Renate: Der Stoff des Lachens. Studien über Komik, Frankfurt/Main und New York 1985, S. 11-49.